AF612072

COURS NORMAL

D'ENSEIGNEMENT ÉLÉMENTAIRE

INTRODUCTION A LA LECTURE

PAR

L. GUÉRIN

Ancien élève de l'École normale de Versailles,

CHEF D'INSTITUTION

BIBLIOTHÈQUE NATIONALE
R.F.
IMPRIMÉS

NOUVELLE ÉDITION

PARIS

GUÉRIN-NICOLOT
186, RUE SAINT-MARTIN

L. GUÉRIN
FAUB. SAINT-ANTOINE, 170

CH. BAZIN
Ancienne Maison VANBLOTAQUE
RUE SAINT JACQUES, 172.

A l'Élève Bout de Zan

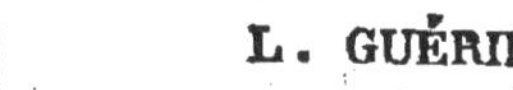

UN MOT

SUR LA PRÉSENTE MÉTHODE

Multiplier les exercices, ne jamais présenter deux difficultés à la fois, mais les faire succéder une à une, puis les résumer dans de fréquentes récapitulations; n'offrir à l'enfant, autant que possible, que des mots dont il connaît le sens et des phrases qui l'intéressent : tel est le but que nous nous sommes proposé.

Tout a été dit sur les méthodes de lecture *avec épellation*, *sans épellation*, suivant *l'ancienne, la nouvelle appellation*. Les idées de chacun sont fixées à cet égard. Nous n'entrerons donc point dans la discussion de l'une ou de l'autre. Notre INTRODUCTION A LA LECTURE se prête d'ailleurs à toutes les combinaisons, et, quel que soit le mode que l'on emploie, elle donne les meilleurs résultats et conduit très-promptement les jeunes enfants à une bonne lecture courante.

Les leçons sont si courtes, si simples, si faciles que tous les procédés réussissent et que les succès en sont toujours assurés.

Nous ferons une seule remarque :

Nous donnons le même son à **i** et à **y**, que, pour cette raison, nous appelons *lettres sœurs*. Nous appelons également *sœurs*, **e é è ê**, parce qu'elles ont la même forme; en effet, elles ne diffèrent que par la coiffure et leurs chapeaux se nomment *accents*.

Les élèves, même les plus jeunes, retiennent très-bien cette dénomination de *lettres sœurs*, et, une fois cette distinction établie, la double prononciation du **c** et du **g** n'offre plus de difficulté. Devant les *voyelles sœurs*, **c** devient doux et se prononce **se**; **g**, devant les *sœurs*, devient également doux et se prononce **je**.

Nous étudions les consonnes une à une; mais pour satisfaire certaines exigeances, nous avons mis, page 4, un tableau complet de l'*Alphabet*.

Nous avons publié cette méthode en deux parties qui se vendent réunies ou séparées.

La première a 16 pages; elle est destinée aux plus jeunes élèves. On sait qu'entre les mains des petits enfants, un livre ne dure pas longtemps, qu'il faut le renouveler plusieurs fois avant même que les deux ou trois premières pages aient été vues. A quoi bon alors leur donner un livre si complet? D'un autre côté, la perspective d'un changement de livre est un puissant encouragement pour les jeunes élèves qui sont enthousiasmés de leurs petits succès.

Nous ne faisons pas de ce livre une affaire de commerce : nous l'avons composé pour notre usage; c'est un outil que nous nous sommes fabriqué, il est à notre main et nous en retirons les meilleurs résultats. Depuis bien longtemps, plusieurs de nos collègues nous pressent de le faire éditer, nous disant qu'il leur serait aussi très-utile. Nous nous sommes rendu à leur désir : l'ingénieuse invention des *Imprimeries portatives* (1) nous ayant permis d'en faire la composition typographique et de l'éditer nous-même.

SOUS PRESSE :

LECTURE COURANTE

Première Année

FAISANT SUITE A TOUTES LES MÉTHODES DE LECTURE

(1) Imprimeries portatives pour imprimer soi-même en tous genres : M. GUÉRIN-NICOLOT, 186, Rue St-Martin.

Voyelles.

a e i o u y

Lettres accentuées.

à â é è ê î ô û

Consonnes.

b c d f g h j k l m

n p q r s t v x z

Alphabet minuscule.

a b c d e f g h i j k l m

n o p q r s t u v x y z

Alphabet majuscule.

A B C D E F G H I

J K L M N O P Q R

S T U V X Y Z

1re Leçon.

o a u

o a u a o u o a u

2e Leçon.

i y

u y o i a y o i u

y a i o y u i a y

3e Leçon.

e é è ê

e o é a è u ê i é

y è a ê u e i é y

ê u e i é y è o e

u e i é y è o e a

4e Leçon.

b

bo ba bu bi by be bé bè bê

bé bé bi bi bo bo ba ba bo a

5e Leçon.

c

co ca cu

co co é cu cu be ca ca o

6e Leçon.

c

ci cy ce cé cè cê

ce ci i ci a ca ci a ce ba ba

7e Leçon.

bo ca bu ci by ce bé cè bê

bé bé é cu bi bi i ci bo bo

co co ba ba ce ci cu be a ca ci a

bébé a bobo, bibi a bu, ici coco.

8e Leçon.

d

do dê da dé du dè dy de di

do do da da do du dé ca dé ci dé

9e Leçon.

f

fa fê fo fé fi fe fè fy fu

fi fi fa de fa ce ca fé dé fi

10e Leçon.

g

go ga gu

go bé ga de bé gu a ga cé

11e Leçon.

g

gi gy ge gé gè gê

ga ge ca ge â gé a gi ba ga ge

12e Leçon.

h

hi ho hê hu he hy hé ha hè

j

jê ji ju jy jo jé je jè ja

ja co ju da ju ge dé jà ju bé

13e Leçon.

b c d f g h j

o a u i y e é è ê

bo ca du fi gy ho je bé ha
fe go hé ju ci bé co ge bê

dé jà co co fa ce go bé ca ge
bé bé ju gé ce ci dé fi do do

ce dé, du café, ce dodo, du baba, cage de fifi, bagage de bébé, bibi agace coco, bébé a obéi.

14e Leçon.

k

ke ky ka ki ké ko

l

lu lé la ly lê li lo lè le

lo lo la cé la di lo ge ki lo ca le

co ke ce la li ce fi lé hâ lé fê lé

15e Leçon.

m

mé mo my mu mê me ma mè mi

mi mi mê me mo de mi di li me

n

ny né nu no ne nê ni nè na

mu ni no ne lu ne fa né me nu

da me dî né fi ni bé ni du ne

16e Leçon.

p

pa py pi pé pè pe po pê pu
pa pa pi pe pu ni pè ne pi lu le

q qu

quê quo què qua qué qui que
qui ne pi que nu que co mi que

17e Leçon.

a b c d e f g h i j k l m n o p q

bo qui ce pa du né ma fu ge
mi lu ki jo pi no que la bé

do ge ki lo ho là pi qué de mi
bi né dé ca ké pi mu ni pâ que

une cage, du moka, une dame,
la lune, une lame, le dé de Cécile,
je dîne à midi, bébé a bu du café.

18e Leçon.

r

ry rè ru rê ro re ri ré ra

ri re ra re ro be ru de ra de ci ré

s

so sy sê si sa sé se su sè

so lo sa li sa ge sa lé so fa si re

sa la de do ru re sa me di se ri ne

19e Leçon.

t

te to tê tu ta tè ty té ti

tê te tê tu ti ré ta ri tu be é té

v

vé vu ve vo vê vy vè va vi

vi ve vê tu ri ve cu ve ra vi vi te

pa vé ve nu ca ve re vu fa vo ri

20e Leçon.

X

xu xe xa xè xo xé xy xê xi

Z

zo zu zy zé zê za zi ze zè

a xe zo ne ta xé zé ro fi xé zè le

21e Leçon.

o a u i y e é è ê

b c d f g h j k l m n p

q r s t v x z

bo co do fo go ho lo mo no po

ca da fa ga ja la ma ta va ra

du fu gu lu nu ru su tu mu vu

fi gy li ni ri si ty vi xi my

ge le ne re se te ve ze me be

lé né ré sé té vé zé mé bé cé

nè rê sè tê vè zè cè bê mè dè

22e Leçon.

1. béni papa dame moka fête gâté juge ceci code pâque loto écu sêve lune zéro têtu menu épi muni robe jupe coke luxe

2. cabane malice image figure domino légume colique maxime adoré étamé habile vérité école comique ménage bobine modèle

3. édifice médecine limonade domicile économe capeline divinité camarade carabine utilité amicale filature locomotive vélocipède

4. le dé de ma mère, bibi a une image, coco a de la malice, je dîne à midi, bébé va à l'école, la dame a une capeline, la lune se lève.

25e Leçon.

ch ph gn gu ill qu

cho phe gni gué ille che gui
que gno phy illu phè gue illé
cha illa qui guê chè phi gni

1. Chêne guêpe phoque cygne caille phare vague bêche rogné taillé dogue ligne chère chaque guéri riche paille guigne quille

2. Machine physique hachure guitare charité guérite dépêche chicane paraphe dignité volaille signalé délégué panache maligne

3. La niche du dogue. La bague de Cécile. Le paraphe de papa. La signature du juge. Le délégué a lu la dépêche. René a taillé ma vigne.

DEUXIÈME PARTIE

25e Leçon. (BIS).

Récapitulation

Voyelles

o a u i y e é è ê

Consonnes

b c d f g h j k l m

n p q r s t v x z

Articulations

ch ph gn gu ill qu

d'a gna j'a pha ma s'a la

xe que che lle ppe ce je

gné illé rhé j'é gué fé zé

chè fê zè mê thè pè rê

mi phi ty gni qui gui si

bo cho lo mo illo ro po

dû illu tu mu chu nu vu

BIBLIOTHÈQUE NATIONALE IMPRIMÉS

26e Leçon.

1. Doré semé gare épi vêtu île pêche dôme mare gagné cuve joli tache pâque tête hache rôti cygne phare moka taille côté figue page

2. Carafe futaille lavabo démoli musique parole panaché physique maligne bitume machine médaille figure signalé commune magique

3. Filature magnifique capucine philosophe utilité amicale divinité coqueluche vélocipède phénomène équivoque camarade machinale

4. René Ève Remy Zoé Émile Lazare Hélène Aline Dalila Ovide Jérôme Honoré Philippe Honorine Boniface Félicité Anatole Éléonore

27e Leçon

1. La lune, le chêne, le guide, une comète, une girafe, la bague, le cygne, le camarade, une alène, la physique, le canapé, le phare.

2. L'ami fidèle. Le pavé uni. Le chêne élevé. Une futaille vide. Le juge sévère. La mode ridicule. Une figure comique. Une morale pure.

3. La lune se lève. Une comète a paru. Émile a été malade; ce remède l'a guéri. Le phare guide le pilote. Le Kabyle fume sa pipe.

4. Valère pêche à la ligne. Le paralytique a été guéri. Jérôme a taillé sa vigne. Adèle a une médaille magnifique. Achève ta tâche.

28e Leçon.

bl

blo blê bla blè blu blé bli ble
bloqué blâme bluté noble blême

cl chl

clu clé cle clo clè cli cla chlo
cloche claque cliché chlore socle

fl

fla flé flo fle flè fli flu
flore flûte flèche nèfle flâné raflé

gl

gli gle glu gly gla glo glè glé
globe glace règle glissé glané

pl

plé pla plè plo pli plu ple
place plume plissé plié plaque

29e Leçon.

bl cl chl fl gl pl

blé gla pli clé blè flo cla plu
flé plo gle bli chlo pla gli cle
clé pla bla glu cli fli ble glo

1. Bible règle table glace ligne bague flûte glané globe fable flore cloche plume blâmé plaque chlore nèfle placé sable noble flotte socle

2. Sublime écluse florale établi réfléchi paraphe règlure blâmable miracle muraille rognure déplumé chlorure glissade clématite pénible

3. La clé de la cabane. Le pli de la robe. Une fable morale. Le père Jérôme sème du blé. Émile a sonné la cloche. Remy a glissé.

30e Leçon.

br

bru brè bri bro bre bra bré
bride brave brûlé broche sabre

cr chr

cré cra cri cre cro cru chry chro
crâne crible cruche croqué crême

dr

dri dro dré dru drè dra dre
drame drôle mâdré cadre drapé

fr phr

fro fré fra frê fru frè fri phra
frère friche frêne fragile frugale

gr

grè gra gre gru gré gro gri grê
grade grêlé grive grugé degré

31e Leçon

pr

pré pro pre pra pri prè pru pry
propre prune prêté prime proche

tr vr

tri vre trè vri tra vro tré vra tro
trône chèvre tracé vivre triplé ivre

---

br cr chr dr fr phr gr pr tr vr

pra cre chro dre fru gre phra
pri tro vre fri gra dru pro
tru cra chry gro vri bru dro
bra frè pru tri fro tré dra

Bravo crêpe drôle frère grade
vivre tribu brodé chrême propre
brigade cratère fromage propreté
grenade vitrage praline dramatique

32e Leçon.

bl cl chl fl gl pl

br cr chr dr fr phr gr pr tr vr

glé dra fli blé chry clu chlo
cle pra tri flo vra gle clé
pli cli fru pré pla bli vro

1. Broche drogue crochu criblé traqué prête braqué triple brèche plâtre flèche quatre drague pluche crête bible chèvre phrase flétri

2. Publique graphique proclamé criblure travaillé prodigue épluché chapitre prophète trépigné fragile gravure pratique réfléchi agrafe

3. La bible, une praline, une prune, une pêche, du trèfle, une chèvre, ma cravate, une promenade utile, du fromage à la crême.

33e Leçon.

ou

bou cou dou fou jou lou nou sou
boule soupe joujou rouge louve

oi

boi doi foi loi moi noi poi roi toi
boîte poire toile voile noire gloire

o au eau

beau cau d'au fau jau mau peau
beauté étau cadeau bateau taureau

è ai ei

bai fai j'ai pei lei mai rei tai vei
peine chaîne reine laine veine faîte

e eu œu

beu ceu deu feu jeu peu reu vœu
meule veuve jeudi neveu jeune

34e Leçon.

o	au	eau	è	ai	ei
e	eu	œu		oi	ou

ou eu ai oi au œu ei eau ou eu

bou ceu doi fai gau heu l'eau
mai nou peu loi jou peau vœu
teau gai boi sou nœu nou neau
poi lou mai lai voi fou reau

chou gnoi bleau clai gloi brou
croi prou grai droi plai froi
vrai ploi chau trai clou creu
dreau trai gneau plei choi frai

Du feu, le jeu, le chou, ce trou, la loi, le roi, du bleu, ce clou, le sou, le vœu, le veau, de l'eau, le seau, le cou, le fou, la peau.

35e Leçon.

1. Château fraise bijou drapeau veuve filou tableau laine chevreau poule voilà écrou gloire étau foule poivre maigre bureau cheveu reine

2. Semaine coupure manœuvre douzaine feuillage mâchoire étoile baleine notaire farouche châtaigne épaule mémoire nouveauté fougère

3. Capitaine écritoire émeraude douloureuse téméraire américaine aubépine découpure militaire légu. mineuse séminaire auriculaire

4. Une lame de couteau. L'aile du moineau. Le trou du blaireau. La laine de l'agneau. Un meuble d'acajou. De l'eau trouble.

36e Leçon.

un um

bun cun hum lun qu'un brun tun
lundi aucun tribun humble chacun

on om

bon com don mon pon ron son
bonbon pompon canon bâton salon
ballon bombe ronde sonde colon

an am en em

ban cen d'en fan can gen tan gan
danse fente lance pente canton
rampe vendu anse jambe tempe

in im yn ym ain ein

bain fin cein daim lin tein nym
pain fein j'im tym vain gain pin
linge sainte teinte sapin tympan
raisin feinte gamin singe ceinture

37e Leçon.

on un in om en yn um ain em im
ein am aim em an ym en an on

man cam faim jam tom vain pon
fin cen ton syn ban lon gen
ram d'un gan fon sein den bon
gain pen tein san ron tin can

1. Lundi bombe tympan dindon ruban singe canton fente colombe tempête citadin ceinturon enfantin magasin vacance timbale gambade

2. Un jeu enfantin. Le son du canon. Maman file du lin. Je pense au lendemain. La lampe sera éteinte. J'ai acheté un pantalon de toile. Ton oncle sera ici demain.

38e Leçon.

ch ph gn gu ill qu
bl br cl cr chl chr dr
fl fr gl gr pl pr tr vr

eu œu ai ei au eau ou oi

au un eu on ai an ou en om
ain eau em im in oi am œu ein

fron vrai prun troi blon bleau
gloi pren clou gnon creu grain
plan froi illon croû fran clin
frai train clai brin breu pren

ou on au an eu en

tou ton frau fran peu pen trou tron
cau can feu fen blou blon rau ran

Cautère canton trouble tronqué
touche tondre fraude franche seule
sente blouse blonde rauque rangé
soudé sonde filou salon

39e Leçon.

1. Aiglon refrain coussin siphon manteau humble brouillon chambre mignon flambeau vendredi réponse empaillé feuilleton compagnon

2. Léon Paulin Simon Blanche Lubin Henri Valentin Antoine Pau Dijon Melun Nancy Toulon Joigny Cambrai Valence Avignon Toulouse

3. Une table ronde. Un tonneau plein. De bon bouillon. Un jeune capitaine. Du vin nouveau. Un gai compagnon Du sucre candi.

4. L'eau de la Seine. La meule du moulin. Du vin de Champagne. La laine du mouton. Une planche de sapin. Une feuille de chou.

40e Leçon.

ia	iè	io	ui
i-a	i-è	i-o	u-i

pia fiè lui pio via niè dui ziè vio
piano pièce pioche étui violon fiole
ruine douzième ruisseau manière

iai	iau	ieu	oui
i-ai	i-au	i-eu	ou-i

niai miau dieu joui pieu loui lieu
niaise milieu Louise adieu miaula
réjoui biaisé épieu piaula enfoui

ian	ion	ien	oin
i-an	i-on	i-en	ou-in

bien poin vian pion rien fian loin
maintien sainfoin pension viande
pointe combien champion défiance

41e Leçon.

ia ié iè io ui iai iau ieu
oui ian ion ien oin uin

ria pié vian sien joui lui
zié dieu poin rui soin tien
cié bien lion sui loin tié

1. Suite violon milieu champion pitié pointu combien fièvre fiacre ruine viendra adieu cuivre pioche viande témoin lointain pension

2. Tabatière période mendiante conduire religion jointure parisien paupière huitaine violente voiture cuisine rivière adjointe miniature

3. La clé du piano. Une boîte à violon. Un étui à chapeau. Une cafetière de cuivre. Le milieu du chemin. Le coin du feu.

42e Leçon.

ai ia ei iè oi io
ein ien ain ian oin ion

rai ria voi vio loin lion
sein sien pei piè foi fio
pion poin tein tien vain vian

1. Paire piano lointain lionceau voile violon Maria raine champion pointu faîne fiacre soutien teinte peine pièce vaincre viande

2. Réunion seizième quinzième idiome jointure siamoise méridien défiance curieuse conduite ratière babiole paupière puissance variante

3. Cinquantième insouciance couturière incendiaire inconduite jérémiade témoignage olympiade invariable souricière laboratoire

43e Leçon.

1. Un témoin oculaire. Le chien fidèle. Une ligne droite. Une suite nombreuse. Une habile couturière. L'occasion favorable. Un pieu aigu.

2. La crinière du lion. Le chien de l'aveugle. Une fiole d'huile. De l'huile d'olive. La pointe du couteau. La chaumière du pauvre.

3. Baudoin sera bon musicien. J'ai passé la rivière en bateau. La foudre gronde au loin. Maria m'a donné la moitié d'une pomme.

4. Ma conduite sera régulière. Je suivrai le bon chemin. Je ferai ma prière. Je travaillerai bien à l'école. J'aurai du courage.

44e Leçon.

ac ec ic oc uc

bac duc sec roc lac suc vic pac
dicté lecture victoire facture ductile

al el il ol ul

bal fil vol tel nul col mal vil sel
cheval hôtel balcon profil culbute

ef if

nif chef rif nef tif
tarif, la nef, canif, le chef, motif.

ar er ir or ur yr

bar cer dir for mur gor car tyr
barbe cercle martyr gorge durcir

ab ob ub ad ap ep op

absolu obtenir subtile opté captive
admiré absence septembre adjugé

45e Leçon.

ab ac ad af al ap ar » »
eb ec ed ef el ep er ex eph
ib ic id if il ip ir ix ith
ob oc od of ol op or » »
ub uc ud uf ul up ur » uth

mur tif pic cor nul j'ad bec
nal tur vif suc ver sec car
tir sol doc bel fer duc col
bac rup nef mor sub mal chef

1. Jardin cerceau cheval gardien gerbe gorge hôtel captif dicté opté lecture victoire colporté cardinal adjectif éternel général porcelaine

2. Félix monte à cheval. J'ai fermé la porte du jardin. Victor a perdu son canif. Frédéric partira mardi prochain. Évite le mal.

46e Leçon.

euf eul eur œuf œur

seul peur neuf bœuf nheur sœur
menteur sapeur bonheur, le cœur.

ouc oug our oif oil oir

bouc cour tour pour poil voir soif
pourtour fourche vouloir bonsoir

aug aul aur air

pair clair chair l'air paul maur
impair éclair augmenté, de la chair.

uif uir ief iel ier

suif juif cuir miel ciel vier tier
la vierge, le ciel, du cuir, un juif.

onc anc inc

fonc donc jonc tinc sanc ponc
ponctuel sanctuaire subjonctif

47e Leçon.

eur our oir ier œur air
eul oul oil iel » aul
euf ouf oif ief œuf uif

neuf l'air tour suif ciel leur
paul seul miel clair jour cuir
noir cœur poil soif bœuf voir
sœur cour loir peur choir fiel

1. Séjour bonsoir docteur éclair trompeur tambour pouvoir journal étourdi recevoir subjontif épagneul augmenté sanctuaire cultivateur

2. Un bon cœur. La chaleur du jour. Le journal du soir. Le ciel pur. Le beau clair de lune. Une bourse de cuir. Une tartine de miel. La corne du bœuf.

48e Leçon.

ab	ob	ub	eb	ac	ec	ic
oc	uc	oq	ad	ed	al	il
el	ol	ul	ef	if	ap	ep
up	ar	er	ir	or	ur	yr

ex	aug	oug	oil	ial	iel	aul
eul	oul	euf	œuf	oif	ief	uif
eur	œur	our	air	ier	oir	aur
ouc	anc	inc	onc	ith	uth	eph

pur	gnal	cer	tor	nul	vrir
tel	gor	dic	vil	ber	nal
gor	plir	sex	rup	teur	gol
choir	gneur	sanc	pour	voir	plir

ciel	chef	col	fil	coq	soir
mur	sac	sel	tir	cour	fiel
bœuf	suif	soif	œuf	bal	bec
cuir	mer	sol	bol	four	ver

49e Leçon.

1. Pourquoi cierge actif trivial lecteur bonsoir fourche canif avec berceau journal facteur golfe azur mouchoir jardin certain actif carte

2 Bourdon chacal plaintif major liqueur garnir captif devoir mardi charbon bonheur mortel tambour causeur calme charme calcul odeur

3. Victoire lanterne protecteur attentif absolu tourbillon absinthe admiré parasol alambic tournesol directeur éternel épagneul octobre

4. Interligne porcelaine éternité arquebuse subalterne arithmétique conjecture califourchon subterfuge observateur commerciale couverture

50e Leçon.

1. Le laboureur actif. Un conte moral. Le tambour major. Le coq matinal. Une odeur agréable. Une lourde charge. Un tiroir fermé.

2. Un fer à cheval. Le danseur de corde. Une barbe de sapeur. Le rédacteur du journal. Le calme du soir. Le mardi du carnaval.

3. Berthe a ourlé ce mouchoir. Victor a un beau tambour. Michel cultive bien son jardin. Médor m'a mordu à la jambe. Joseph a lu.

4. Je cultive mon intelligence. J'admire le courage. Je cherche la vérité. J'honore la vertu. Je protége l'orphelin. J'ai bon cœur.

51e Leçon.

euil œil

seuil deuil vreuil reuil teuil treuil
l'œil fauteuil chevreuil écureuil

eil ail

reil meil veil seil leil
vail bail rail mail tail
réveil soleil pareil conseil vermeil
émail bétail travail poitrail camail

euil œil eil ail

vail teuil seil deuil reil trail
l'œil mail reil tail reuil veil
nail seuil bail vreuil leil rail

Fauteuil travail conseil portail
chevreuil vermeil bétail bouvreuil
réveil camail pareil émail soleil
vitrail appareil sommeil éventail

52e Leçon.

sb sc sp st sv ps

sbi sca scan scar sco scor
sta sté stan sti sto stu
sty spé spi spa spec spo
spon spar svel psal psa psy

Sbire scandale scarlatine stable scolaire scorpion stance store style justice stupide spectacle spontané spirale svelte psaume psalmodié

scr str sph spl squ

scri scro scru stro stric
stra sphé splen squa sque

Scribe scrofulaire scruté scrutin scrupule stratégique stricte strophe structure sphère sphérique squale splendeur splendide lorsque

53e Leçon.

1. Poitrail store soleil scorpion fauteuil sphère émail stable conseil stricte chevreuil stupide soupirail scandale gouvernail splendide

2. Un sommeil paisible. Un bon conseil. La fièvre scarlatine. Une route stratégique. La ligne spirale. Le joli écureuil. La justice divine.

3. La housse du fauteuil. Le poitrail du cheval. La piqûre du scorpion. Le bec du bouvreuil. La vente en détail. Un œil-de-bœuf.

4. Le portail de l'église a été réparé. Le gouvernail du navire a été brisé. La chaleur du soleil a mûri la moisson. Baisse le store.

54e Leçon.

Dans le corps des mots, **y** vaut **ii**.

ay	oyé	oya	ayé	aya	ayu
ai-i	oi-ié	oi-ia	ai-ié	ai-ai	ai-iu

pays ployé broya payé raya rayure

oyau	oyen	ayon	ayan	uyau
oi-iau	oi-ien	ai-ion	ai-ian	ui-iau

noyau doyen rayon payant tuyau

ay oyé oya ayé aya ayu

oyau oyen ayon ayan uyau

1. Pays broyé ploya noyé rayon crayon noyau moyen tuyau doyen loyauté voyageur aloyau pitoyable paysan employé mitoyen balayure

2. Un crayon taillé. Un tuyau percé. Un voyageur fatigué. Un mur mitoyen. Du charbon broyé. L'écureuil a cassé le noyau.

55e Leçon.

Plusieurs consonnes sont nulles à la fin des mots; **c f l r** sont les seules qui se prononcent.

1. Sac sacs chef chefs vil vils mur murs doigt lourd bras blond riz prix rang vingt corps bas nid poing temps pot drap loup prends

2. Sabot soldat lilas sirop forêt perdrix comprends plafond renard commis étang repas galop parent nombreux combat peureux souvent

3. Le sac du soldat. Un cent d'œufs. Le nid de la perdrix. Un marchand de harengs. Le prix du temps. La paix du cœur.

4. Le chat a mangé la souris. J'ai vu trois canards sur les bords de l'étang. Le chêne produit le gland. Denis a froid aux doigts.

56e Leçon.

est se prononce **è**.

Le ciel est azuré, le soleil est brillant, la lune est pâle, Jérôme est poli, le tigre est cruel, le chat est traître, le chien est fidèle, le loup est vorace, le renard est rusé.

et seul se prononce **é**.

La cigale et la fourmi, le lion et le rat, le corbeau et le renard, le chien et le loup, la colombe et la fourmi, le chêne et le roseau, la laitière et le pot au lait.

e devant **x** se prononce **è**.

Sexe vexe exigé exaucé exemple Alexis exécuté exercice examiné

e devant **ill** se prononce **è**.

Veille réveille abeille corbeille oreille oseille sommeille pareille

57e Leçon.

ez se prononce **é.**

Nez chez lisez chantez parlez allez payez croyez broyez sortez mangez buvez dormez travaillez

er, à la fin des mots, se prononce **é.**

Parler chanter payer danger écolier boucher épicier boulanger nettoyer oreiller groseiller plancher

Dans **le** corps des mots, **er** se prononce **è-r.**

Ferme terme cherche vernis perdre chercher fermer berger verser percer verger cierge vierge mercier guerrier épervier mercredi

et, à la fin des mots se prononce **è.**

Jet projet secret poulet plumet crochet sommet bouquet bosquet discret beignet sifflet billet feuillet préfet mantelet alphabet cabinet bilboqnet osselet tourniquet

58e Leçon.

Devant **s** suivie d'autres consonnes, **e** se prononce généralement **è**.

Veste peste geste destin reste leste festin détesté espère modeste majesté respiré descendre travesti

Devant une double consonne, comme **ll nn rr ss**, **e** se prononce **è**.

Quelle belle pelle ficelle échelle chandelle dentelle bretelle tonnerre terre verre serre pierre parterre lierre presse messe tresse paresse ancienne italienne péruvienne

Dans les mots d'une syllabes, **es** se prononce **è**.

Ces des les mes tes ses

A la fin des mots, **es** se prononce **e**.

Charles Georges Jules Jacques plumes livres arbres plantes tables îles ces princes, des guides, mes hommes, les perles, tes cartes,

59e Leçon.

Les voyelles surmontées d'un tréma (¨) se prononcent séparément de celles qui précèdent.

Caïn Saül Moïse Ésaü Héloïse naïf haïr ciguë mosaïque héroïne

ç équivaut à **s**.

Reçu leçon garçon maçon façon façade, tu traçais, je perçais, il enfonçait, Dieu exauça mes vœux.

s, entre deux voyelles, se prononce comme **z**.

Rose base bise maison cousin rusé voisin raisin saison poison rasoir chaise fraise trésor plaisir arrosoir croisade causeuse visage

Dans quelques mots, **t** équivaut à **s**.

Action caution factieux nuptial partiel station pétition précaution confection ambitieux réduction capétien prophétie essentiel minutie

60e Leçon.

e, nul à la fin mots, rend la syllabe longue.

Une pie, une fée, la joue, une roue, une lieue, la vue, la nue, la pluie, de la suie, Marie prie, Julie copie, Sophie joue dans la prairie.

nt sont nuls à la fin des mots qui exprimeut que l'on fait quelque chose.

Les enfants jouent, ils courent, ils sautent, ils dansent. Mes sœurs travaillent, elles brodent, elles tricottent. Ces élèves étudient, ils s'appliquent. Les paresseux flânent, ils s'ennuient, ils baillent.

Les coqs chantent, les taureaux beuglent, les chats miaulent, les chiens aboient, les loups hurlent, les serpents sifflent, les brebis bêlent, les petits poulets piaulent, les perroquets causent.

61e Leçon.

1. Dame robe épi île âne kilo reçu taille rhume petit repas sexe sirop pâque pelle veille terre pays messe piquet ligne phare veste

2. Poule souris leçon chemin bière congé crayon station violent pitié plafond airain réjoui prairie chanter bouquet boucher caution

3. Sphère beignet vexé discret tuyau soleil garçon travail bosquet dortoir former croyez feuillet haïr nation scruter hareng combat naïf

4. Georges Charles Jules Félix Albert Caïn Louis Clément Robert François Benoît Bernard Laurent Saül Lucien Henri Simon Paulin

62e Leçon.

1. Modèle dimanche perroquet orphelin exauça montagne façade récolte domino abeille malpropre lumière cabinet enseigne brûlure

2. Ambition chandelle musicien écolier ennemi respiré précaution employé bretelle conduite général alphabet sphérique spectacle

3. Écureuil gouvernail épervier haïra descendre exaucez chaudière paresseux tourniquet planchette splendide soupirail travaillez

4. Alexis Moïse Gabriel Léopold Frédéric Antoine Auguste Cyprien Casimir Philibert Gustave Nicolas Rodolphe Constantin Ferdinand

63e Leçon.

1. Divinité moralité couturière supérieure confiture cultivateur redingote colophane signature formalité influente éclatante

2. Adorable littéraire multitude épouvantail complimenté écriture décalitre bienfaitrice conversation mosaïque coquelicot échantillon

3. Ouverture ustensile cavalcade imprimerie égratignure balançoire balayure portefeuille témoignage architecte porcelaine griffonnage

4. Nancy Melun Nantes Joigny Chaumont Beauvais Châteauroux Bar-le-Duc Pontoise Boulogne Limoges Épinal Alençon Orléans

64e Leçon.

1. Un livre utile. Une histoire amusante. Une fable morale. Son chapeau neuf. Ta cravate blanche. Notre jeune ami. Un fossé creux.

2. Un élève attentif. Une verte prairie. Une vaste plaine. L'amitié fraternelle. Un torrent impétueux. Des fleurs printanières.

3. Le bétail de la ferme. L'épée du général. Le sac du soldat. Un tronc d'arbre. Le trou de la souris. La façade du château.

4. Le poil de l'écureuil. Le bec de la cigogne. La crinière du lion. Le chant du rossignol. La trompe de l'éléphant. La hure du sanglier.

65e Leçon.

1. Aide-toi, le ciel t'aidera. Pas à pas on va loin. Il n'y a pas de plaisir sans peine. Pour manger l'amande, il faut casser le noyau.

2. Rien n'est beau que le vrai. Le vrai seul est aimable. Le mensonge est un vice odieux Le menteur est haï, détesté.

3. L'habit ne fait pas le moine. Tout ce qui reluit n'est pas or. A l'œuvre on connaît l'artisan. Bonne renommée vaut mieux que ceinture dorée.

4. Le travail écarte l'ennui, le vice et la misère. La paresse est comme la rouille : elle use plus que le travail. La paresse est la mère de tous les vices.

66e Leçon.

1. Un frère est un ami donné par la nature. Un ami est un trésor précieux. Tout passe avec le temps, l'amitié seule ne passe pas.

2. L'instruction est la lumière de l'âme. L'instruction est l'ornement des riches. L'instruction est la richesse des pauvres.

3. Des enfants bien élevés ne s'arrêtent jamais à jouer dans les rues. Les bavards sont ennuyeux. Les cahiers et les livres d'un enfant soigneux sont toujours propres.

4. Nous devons aimer Dieu par dessus toutes choses, honorer notre père et notre mère, respecter ceux qui nous instruisent, être polis et aimables avec tout le monde.

67e Leçon.

Ce que les petits enfants vont faire à l'école.

Les petits enfants vont à l'école pour apprendre à lire, à écrire, à compter et bien d'autres petites choses instructives et amusantes. Mais, avant tout, on leur enseigne à connaître Dieu, à honorer leurs parents, à respecter leurs maîtres, à aimer leurs petits camarades, à être bons, polis et obéissants.

Un petit enfant gâté.

Un petit enfant gâté vit un soir la lune dans un seau d'eau. « Donnez-moi la lune, dit-il à sa bonne, je veux la lune, moi ! » Celle-ci lui répondit en riant de son impatience : « Si vous la voulez, prenez-la. » L'enfant se mit alors dans une colère épouvantable, il pleura, frappa du pied et cria si fort et si longtemps qu'il en tomba malade et manqua d'en mourir, car la colère peut rendre malade. On a vu des enfants avoir la jaunisse après un accès de violente colère.

H. L. D. Rivail.

POÉSIE

I. L'Ange gardien.

Veillez sur moi quand je m'éveille,
Bon ange, puisque Dieu l'a dit;
Et chaque nuit, quand je sommeille,
Penchez-vous sur mon petit lit.
Ayez pitié de ma faiblesse,
A mes côtés marchez sans cesse,
Parlez-moi le long du chemin;
Et pendant que je vous écoute,
De peur que je ne tombe en route,
Bon ange, donnez-moi la main.

Mme Tastu.

II. La Cigale et la Fourmi.

La cigale ayant chanté
Tout l'été,
Se trouva fort dépourvue
Quand la bise fut venue :
Pas un seul petit morceau
De mouche ou de vermisseau.
Elle alla crier famine
Chez la fourmi sa voisine,
La priant de lui prêter
Quelque grain pour subsister
Jusqu'à la saison nouvelle.
« Je vous paierai, lui dit-elle,
Avant l'oût, foi d'animal,
Intérêt et principal. »
La fourmi n'est pas prêteuse.
C'est là son moindre défaut.
Que faisiez-vous au temps chaud? »
Dit-elle à cette emprunteuse.
Nuit et jour à tout venant
Je chantais, ne vous déplaise. —
Vous chantiez! j'en suis fort aise :
Et bien dansez maintenant. »

La Fontaine.

III. Le nid de fauvette.

Je le tiens, ce nid de fauvette!
Ils sont deux, trois, quatre petits!
Depuis si longtemps je vous guette,
Pauvres oiseaux, vous voilà pris!

Criez, sifflez, petits rebelles,
Débattez-vous; oh! c'est en vain :
Vous n'avez pas encore d'ailes,
Comment vous sauver de ma main?

Mais, quoi, n'entends-je pas leur mère
Qui pousse des cris douloureux?
Oui, je le vois; oui, c'est leur père
Qui vient voltiger autour d'eux.

Ah! pourrais-je causer leur peine,
Moi qui l'été, dans ces vallons,
Venais m'endormir sous un chêne,
Au bruit de leurs douces chansons?

Hélas! si du sein de ma mère
Un méchant venait me ravir,
Je le sens bien, dans sa misère,
Elle n'aurait plus qu'à mourir.

Et je serais assez barbare
Pour vous arracher vos enfants!
Non, non, que rien ne vous sépare;
Non, les voici, je vous les rend.

Apprenez-leur dans le bocage
A voltiger auprès de vous :
Qu'ils écoutent votre ramage,
Pour former des sons aussi doux;

Et moi, dans la saison prochaine,
Je reviendrai dans ces vallons,
Dormir quelquefois sous un chêne
Au bruit de leurs jeunes chansons.

Berquin.

Paris.— Imp. Noizette, Jeanrasse & Cᵉ, faub St-Antoine 159

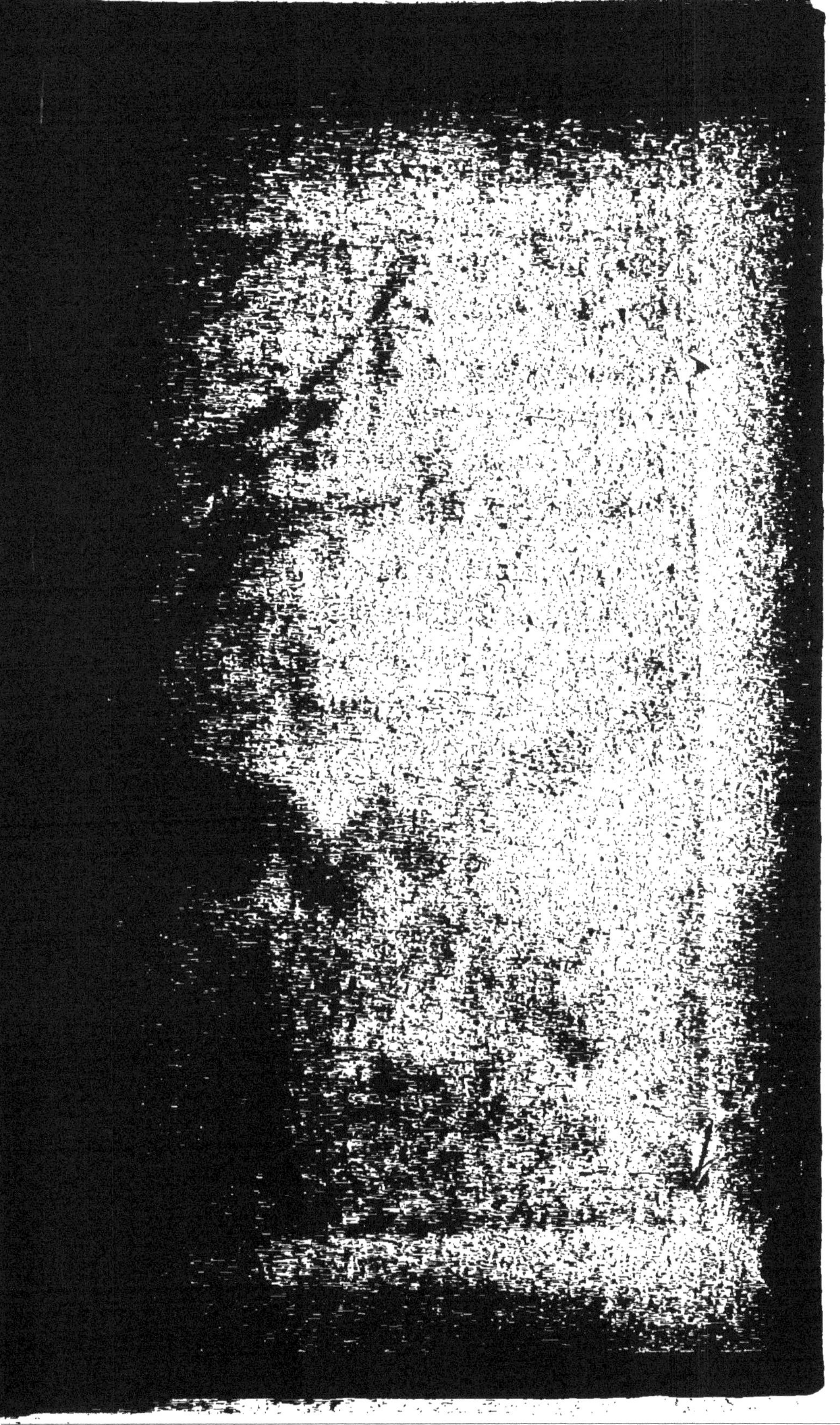

Imprimé à la minute sur les presses portatives Guérin-Nicolas
Paris. — Imp. L. GUÉRIN. Faub. St-Antoine, 179.

www.ingramcontent.com/pod-product-compliance
Ingram Content Group UK Ltd.
Pitfield, Milton Keynes, MK11 3LW, UK
UKHW021145230726
13926UKWH00002B/939

9 782014 453348